The Teddy Bear Number Book
Los Números Con Los Ositos

The Teddy Bear Number Book
Los Números Con Los Ositos

By/Por
Margaret Kahn Garaway

Illustrated by/Ilustrado por
Sarah Garaway Butler

Translated by/Traducido por
María Rebeca Cartes

Best Wishes
Margaret Kahn Garaway

Old Hogan Publishing Company
Tucson, Arizona

Published by
Old Hogan Publishing Company
P.O. Box 91978
Tucson, Arizona 85752-1978

Other Books by **Margaret Kahn Garaway**
The Old Hogan
The Old Hogan Coloring Book
Ashkii and His Grandfather
Dezbah and The Dancing Tumbleweeds

First Edition
Copyright © 1995 by Margaret Kahn Garaway

Library of Congress Catalog Card Number 94-074826

Hard cover ISBN 0-9638851-3-8
Soft cover ISBN 0-9638851-4-6

Printed by Sahuaro Press, Ltd., 700 North Stone Avenue, Tucson, Arizona 85705
Designed by Whaletale Productions, 1955 West Grant Road, Suite 235, Tucson, Arizona 85745

This book is dedicated to children everywhere
Joining hands across all cultures. . .

Este libro está dedicado a los niños en todas partes
Tomados de las mano a través de las culturas. . .

The first little teddy bear
standing in the sun
said out loud,
"I'm not happy being one."

La primera osita,
al sol, muy segura,
dijo en su sombrilla
"¡no quiero ser una!".

A second little teddy bear
who thinks he's Pooh
said, "I'll stand with you
and then we'll be two."

Un segundo osito,
le dice a gran voz:
"me paro contigo
y ya somos dos".

A third little teddy bear
perched in a tree
said, "Climb up here
and then we'll be three."

Un tercer osito
de un árbol los ve:
"los invito aquí
y ya somos tres".

A fourth little teddy bear
playing on the floor
said, "Come join me
and then we'll be four."

Un cuarto osito
jugando en el patio:
"¡jueguen conmigo
y ya somos cuatro!".

A fifth little teddy bear
who loves to jive
said, "Dance with me
and then we'll be five."

Una quinta osita
bailando de a brincos:
"¡bailen conmigo
y ya somos cinco!".

A sixth little teddy bear
feeding some chicks
said, "Work with me
and then we'll be six."

Un sexto osito
dando de comer:
"trabajen conmigo
y ya somos seis".

A seventh little teddy bear
whose name is Kevin
said, "I'll help too
and then we'll be seven."

Un séptimo osito
que se llama Pepe:
"yo también ayudo
y ya somos siete".

An eighth little teddy bear
sitting on a crate
said, "Sit with me
and then we'll be eight."

Una octava osita,
llamando a los osos:
"siéntense conmigo
y ya somos ocho".

A ninth little teddy bear
feeling so fine
said, "Jump with me
and then we'll be nine."

Un noveno osito,
salta muy alegre:
"salten conmigo
y ya somos nueve".

A tenth little teddy bear
whose name is Gwen
said, "I'm jumping too
and now we are ten."

Una décima osita
que se llama Inés:
"yo salto también
¡y ahora somos diez!".

STUDY GUIDE FOR TEACHERS AND PARENTS

First: With the help of the pictures, explain the difference between cardinal and ordinal numbers.

Cardinal numbers express or tell the amount or how many of something: one bear, two bears, ten bears etc.

Sample questions:
How many bears in the first picture?
How many in the last picture?
How many brown bears in the last picture?
How many bears on the crate? etc.

With the younger children start by counting the number of bears in each picture. Vary the "how many" questions in each picture. Let children make up questions using "how many?"

Ordinal numbers express or tell the position or place of something in a series as first in line, second from the left, third bear is brown, etc.

Sample questions:
What is the first bear holding?
What is the second bear holding?
Where is the third bear sitting?
What color is the fourth bear?
What is the sixth bear doing?
What is the name of the seventh bear? etc.

Second: Discuss what rhyming words are. Give familiar examples from nursery rhymes. Then ask – Find the two rhyming words in the second stanza, in the fourth stanza, first stanza, etc.

Third: For children who are ready - ask them to pick out the verbs (words that tell action - doing words). Use the verbs in other sentences.

Fourth: Additional activity - Turn the book into a play with children acting the part of the different bears, each one memorizing his or her bear-part and then reciting the words for the class or family.

I'm sure you will come up with many more ideas.
Have fun!

Guía de Estudio para Maestros y Padres

Primero: con ayuda de los dibujos, explique la diferencia entre números cardinales y ordinales.

Los números cardinales expresan la cantidad de "cuánto": un osito, dos ositos, diez ositos, etc.

Ejemplos de preguntas:
¿Cuántos ositos hay en el primer dibujo?
¿Cuántos ositos hay en el último dibujo?
¿Cuántos ositos cafés hay en el último dibujo?
¿Cuántos hay en la caja? etc.

Para los niños más pequeños, comience contando el número de ositos en cada dibujo. Haga diferentes preguntas de "cuántos" para cada dibujo. Anime a los niños a que hagan preguntas usando "¿cuántos?" o "¿cuántas?"

Los números ordinales indican el lugar de algo en una serie, como: primero en la fila, segundo desde la izquierda, el tercer osito es café, etc.

Ejemplos de preguntas:
¿Qué tiene en las manos la primera osita?
¿Qué tiene en las manos el segundo osito?
¿En qué está sentado el tercer osito?
¿De qué color es el cuarto osito?
¿Qué está haciendo el séptimo osito?
¿Cómo se llama el séptimo osito? etc.

Segundo: Explique qué es la rima. Dé ejemplos de canciones infantiles conocidas. Pregunte: Encuentren las dos palabras que riman en el segundo verso, en el cuarto verso, en el primer verso, etc.

Tercero: Para los niños que pueden hacerlo, pídales que reconozcan los verbos (palabras que expresan acción). Use los verbos en diferentes oraciones.

Cuarto: Actividad adicional; haga una pequeña obra de teatro con el libro, con los niños actuando los personajes de los ositos, cada uno memorizando las palabras de su personaje, para la clase o para la familia.

Estoy segura de que usted encontrará muchas otras ideas. ¡Que lo disfrute!